Keith Randall Knatt II

Avaliação das necessidades das bibliotecas académicas

Keith Randall Knatt II

Avaliação das necessidades das bibliotecas académicas

Ênfase no Jarvis Christian College

ScienciaScripts

Imprint
Any brand names and product names mentioned in this book are subject to trademark, brand or patent protection and are trademarks or registered trademarks of their respective holders. The use of brand names, product names, common names, trade names, product descriptions etc. even without a particular marking in this work is in no way to be construed to mean that such names may be regarded as unrestricted in respect of trademark and brand protection legislation and could thus be used by anyone.

Cover image: www.ingimage.com

This book is a translation from the original published under ISBN 978-3-659-52213-0.

Publisher:
Sciencia Scripts
is a trademark of
Dodo Books Indian Ocean Ltd. and OmniScriptum S.R.L publishing group

120 High Road, East Finchley, London, N2 9ED, United Kingdom
Str. Armeneasca 28/1, office 1, Chisinau MD-2012, Republic of Moldova, Europe
Printed at: see last page
ISBN: 978-620-8-04031-4

Índice:

Este trabalho está dividido em quatro partes e será tratado como tal. Parte I:

Avaliação das Necessidades; Parte II: Resumo da Identificação de Lacunas; Parte III:

Questões de Privacidade, Censura e Legislação Governamental e o seu Potencial

Impacto no Desenvolvimento de Colecções; e Parte IV: Anotações.

Capítulo 1

Avaliação das necessidades

INTRODUÇÃO

Na primeira parte deste trabalho, que foi escrito principalmente como um trabalho de aula, o aluno vai muito além, porque o tema é real e afecta não só os clientes da biblioteca e a sua procura de aprendizagem, mas é também uma ameaça a nível global.

De acordo com o sítio Web da American Library Association (ALA), a ALA promove a liberdade de seleção pessoal ou apenas de expressão básica para ter uma opinião. A opinião de uma pessoa, aceite ou não, é importante e deve ser respeitada (http://www.ala.org/bbooks/). Isto está diretamente relacionado com o Gabinete para a Liberdade Intelectual da ALA (OIF), que promove a sensibilização para os desafios aos materiais da biblioteca e celebra a liberdade de expressão durante a Semana dos Livros Proibidos (http://www.ala.org/bbooks/).

As questões de privacidade, censura e legislação governamental têm um grande impacto na forma como os materiais são adquiridos. Além disso, estes materiais devem enquadrar-se adequadamente na política de desenvolvimento de colecções.

Como é sabido em todo o mundo, a Associação Americana de Bibliotecas tem sido extremamente favorável e progressista no que respeita à liberdade de expressão das ideias de cada um, desde que não seja opressiva ou repressiva. É certo que o Gabinete para a Liberdade Intelectual (OIF) da ALA recebe relatórios de bibliotecas, escolas e meios de comunicação social sobre tentativas de proibir livros em comunidades de todo

o mundo. Existem mesmo listas de livros contestados onde estão disponíveis dados

sobre os esforços de censura que afectam as bibliotecas e as escolas

(http://www.ala.org/bbooks/about).

Declaração do problema

O principal objetivo deste documento é explorar o impacto da legislação

governamental relativa à privacidade e à censura no estabelecimento de políticas para o

desenvolvimento de colecções.

Origem do papel

O tema deste documento, "Questões de privacidade, censura e legislação

governamental e o seu potencial impacto no desenvolvimento de colecções", é muito

importante, especialmente para a sociedade americana, bem como para aqueles de nós

que defendem as bibliotecas e a forma como escolhemos os materiais. Embora

estejamos protegidos pela Primeira Emenda e as cinco liberdades da Primeira Emenda

sejam claras, temos de ser corajosos no olho do furacão quando aplicamos estas

liberdades a nível intelectual e cultural. Afinal, as bibliotecas são sobre informação e a

informação correta é necessária para uma sociedade melhor.

Questões de investigação

No presente documento, são formuladas as seguintes questões:

- Quais são as 5 liberdades da Primeira Emenda?
- Que legislação governamental existe para proteger a liberdade intelectual

das bibliotecas?

- O que é a liberdade intelectual?

- A American Library Association (ALA) defende a liberdade intelectual?

- Porque é que as pessoas têm medo de opiniões contrárias às suas?

- Deve o governo determinar o que os seus cidadãos devem ler?

- Devem os bibliotecários defender a liberdade intelectual?

- Deverão as ordens religiosas nos Estados Unidos estar envolvidas na determinação do que a comunidade deve ler?

- Devem as bibliotecas proibir os livros?

- É importante que as bibliotecas tenham uma política de desenvolvimento de colecções?

- O que é a Declaração de Direitos da Biblioteca?

Pressupostos

No âmbito do presente documento, são assumidos os seguintes pressupostos:

- A nossa liberdade é protegida pela Primeira Emenda.

- A liberdade de expressão é limitada.

- Os bibliotecários são defensores da liberdade de escolha.

- As bibliotecas têm políticas de desenvolvimento de colecções.

- É injusto proibir livros.

Definição de termos

Responsabilidade:	Ser responsabilizado pela explicação.

Censura:	Para restringir ou suprimir informações.
Desenvolvimento de colecções:	Avaliação das necessidades do cliente da biblioteca.
Ético:	Princípios dos valores morais.
Liberdade:	Libertação intelectual e cultural.
Legal:	Regras que definem o que é certo e errado.
Privacidade:	Livre de ser perturbado.

REVISÃO DA LITERATURA

Há bastantes artigos, estudos e informações disponíveis sobre o tema "Questões de privacidade, censura e legislação governamental e o seu potencial impacto no desenvolvimento de colecções". Deveria haver porque como, quando e porque é que as pessoas escolhem ler certos livros estão constantemente a ser desafiadas. Por conseguinte, para efeitos do presente documento, Vicki L. Gregory's *Collection Development and Management for 21st Century Library Collections: An Introduction,* de Vicki L. Gregory, e *Developing Library and Information Center Collections,* de G. Edward Evans e Margaret Z. Saponaro, são utilizados para obter informações fundamentais. Gregory (2011) segue um caminho prático num dos seus capítulos que aborda as questões legais do Desenvolvimento de Colecções, eliminando as opiniões pessoais ao selecionar materiais para as bibliotecas, e tendo um policiamento do Desenvolvimento de Colecções do crescimento e desenvolvimento da coleção da biblioteca. Além disso, Gregory delineou a avaliação de necessidades e a política de desenvolvimento de colecções de uma forma. Deixou claro que estes elementos são necessários. Isto protege não só a biblioteca e o bibliotecário, mas também expõe os valores de uma comunidade. Afinal de contas, as comunidades têm a sua própria definição de serviço. Por conseguinte, é muito importante ter uma compreensão exacta do desenvolvimento histórico da comunidade. Sabendo isto, os objectivos de desenvolvimento da coleção podem ser reestruturados quando for necessário, e podem ser determinadas pistas específicas sobre a coleção para ajudar na eliminação de ervas daninhas (Zarnosky e Saponaro, 2005) e na aquisição de novos materiais.

Além disso, há questões jurídicas que podem surgir e afetar o desenvolvimento da coleção. São elas a responsabilidade, os direitos de autor e o estatuto de depositário. Diz-se que algumas jurisdições têm regulamentos relativos à aquisição de determinados tipos de materiais ou formatos (Zarnosky e Saponaro, 2005). Não devemos ficar surpreendidos.

Liberdade intelectual

Como seria de esperar, a American Library Association (ALA) está bem ciente e apoia a liberdade intelectual. A prática, o objetivo e a convicção sincera de que a liberdade intelectual é o direito de procurar, receber, manter e divulgar informação de todos os pontos de vista sem restrições. O que é material aceitável para uma pessoa pode ser ofensivo para outras. É natural que as pessoas tenham opiniões diferentes. Quando as pessoas consideram alguns materiais disponíveis na biblioteca ofensivos, questionam a razão pela qual a biblioteca permite o acesso a esses recursos, esperando retirá-los da biblioteca ou, pelo menos, restringir o seu acesso a adultos (ver Anexo B).

A ALA também defende que "a responsabilidade e o direito de todos os pais e tutores

de orientar a utilização da biblioteca e dos seus recursos e serviços pelos seus próprios

filhos".

(http://www.ilovelibraries.org/getinformed/intellectualfreedom).

Contra a censura

A censura não é, de facto, uma boa ideia, porque os valores, as ideias e as

opiniões dos outros são colocados sobre os outros. Tal como foi referido anteriormente

neste documento, o que é material aceitável para uma pessoa pode ser ofensivo para

outras? É verdade. No entanto, quando é que se traça a linha ou deve haver uma linha?

Ao mesmo tempo, haverá quem critique e se oponha ao livre pensamento. Um exemplo

disso é a nudez, a pornografia e alguma linguagem popular na literatura. É óbvio que a

sexualidade é conhecida como um tema vital na literatura e na arte, uma vez que o

objetivo de alguma da literatura e/ou arte é definitivamente despertar o cliente da

biblioteca de uma forma que promova sentimentos sexuais saudáveis. Afinal de contas,

a excitação sexual tende a ser uma coisa boa. Além disso, logicamente falando, a arte

que é sexualmente excitante pode ter o mesmo poder estimulante

(http://www.diemer.ca/Docs/Diemer-OpposingCensorship.htm). Quando nos opomos,

pode ser interpretado que não desejamos que os outros desfrutem da vida como nós

desfrutamos. Na verdade, não estamos preocupados com a felicidade dos outros, desde

que nós estejamos felizes. Isto faz da censura um ato egoísta que flutua numa espécie de

medo. "Toda a gente tem o direito de procurar e receber informação de todos os pontos

de vista sem restrições (Zarnosky e Saponaro, 2005)."

Zarnosky e Saponaro (2005) partilham com os seus leitores que a censura nem sempre tem a ver com a "proteção" das crianças, algumas delas afirmam estar à procura de materiais que incutam racismo ou sexismo.

É interessante notar que, apesar de existirem algumas queixas e desafios nas bibliotecas académicas, estes ficam muito aquém dos das bibliotecas públicas. É claro que as bibliotecas escolares recebem mais desafios do que todas as bibliotecas (Zarnosky e Saponaro, 2005). Isto pode dever-se ao facto de estarem envolvidas crianças. A censura e a liberdade intelectual para as bibliotecas académicas ainda são assustadoras.

Legislação governamental

A Primeira Emenda à Constituição dos Estados Unidos não é mais do que a liberdade de expressão. Este ato é protegido por leis federais e estaduais. Regula os princípios nocivos, a ofensa, a pornografia ou o discurso de ódio. A desaprovação social ou a sanção legal, ou ambas, contribuem para a liberdade de expressão (http://www.mediatrips.com/media-regulations/regulations-for- freedom-of-speech-and-expressions.html).

Com o passar dos anos, a nossa liberdade tornou-se ainda mais regulamentada porque a nossa sociedade se tornou mais diversificada e tolerante em relação às necessidades e desejos dos outros. Isto incluiu a regulamentação do material pornográfico na Internet. Com este novo processo de reflexão, foi criada a Lei da Decência nas Comunicações (CDS) em 1996. Um ano mais tarde, a lei cibernética anulou parcialmente a lei. A censura na Internet controla a supressão da publicação ou o

acesso à informação na Internet (http://www.mediatrips.com/media-
regulations/regulations-for- freedom-of-speech-and-expressions.html).

CONCLUSÃO

Possuir conhecimentos relativos à censura e à privacidade é muito importante
para a profissão de bibliotecário. Esta profissão respeita a liberdade intelectual e a
privacidade de todos os clientes. Por conseguinte, as pessoas devem poder procurar
informação sem limitações, quer se trate de trabalhos académicos, empreendimentos
profissionais ou simplesmente interesses pessoais. Este direito, consagrado na Primeira
Emenda da

A Constituição é tida em alta conta, o que é vital para que os clientes da biblioteca não
se sintam envergonhados ou intimidados a procurar informação.

Igualmente importante, a privacidade é outra prioridade que os bibliotecários e os
especialistas da informação têm em consideração. Os clientes devem sentir-se à vontade
para pedir qualquer coisa ou obter qualquer tipo de informação. Se esta consideração de
respeito não for colocada na perspetiva correta, então, como resultado, a biblioteca está
sujeita a muitas outras consequências. As consequências incluem, mas não se limitam a,
falta de estatísticas de circulação, utilização da biblioteca e, possivelmente, programas
de divulgação e comunitários. A falta de clientes gera menos utilização da biblioteca e
pode levar a um financiamento limitado. Por conseguinte, a consideração dos
utilizadores deve ser tida em conta com o maior respeito e privacidade.

Nova compreensão

Há uma obrigação que se espera que os bibliotecários e os especialistas da

informação cumpram. Esta obrigação é a importância de fornecer informação relevante

e de avaliar a exatidão da informação. Para além disso, existem inúmeros desafios que

todas as bibliotecas enfrentaram e continuam a enfrentar para a sua sobrevivência, bem

como para a sobrevivência dos seus clientes. Entre alguns dos desafios estão os aspectos

legais da liberdade intelectual. Afinal, a liberdade intelectual aplica-se às nossas

percepções pessoais, bem como às percepções dos outros. Todos nós estamos

protegidos pela Primeira Emenda e pelas políticas e procedimentos da Liberdade

Intelectual.

Capítulo 2

Resumo da identificação da lacuna

O Jarvis Christian College é um Colégio/Universidade Historicamente Negro (HBCU). Além disso, o colégio oferece um curso de estudos afro-americanos, que também faz parte do currículo de requisitos de educação geral. Além disso, é necessário melhorar a secção afro-americana, tendo em conta a importância de os estudantes procurarem informação académica. Este esforço financeiro ajudará os estudantes a superarem-se nos seus esforços académicos, para que não tenham de se limitar a obter informações de sítios Web aleatórios, através do Google. Embora o Google seja útil para todos os utilizadores, os estudantes devem ter acesso a materiais académicos internos (a Biblioteca Olin).

Igualmente importante, os estudantes preferem obter e ler informação por via eletrónica. Por conseguinte, outro investimento financeiro seria a aquisição de kindles e e-readers. Embora o Centro de Recursos de Aprendizagem Olin disponha de um número adequado de computadores e lap tops, os estudantes também consideram os kindles e os e-readers mais confortáveis para utilizar durante os semestres académicos.

II. Recursos utilizados

A lacuna será preenchida pelo seguinte:

- Consultar o resultado da avaliação das necessidades;
- Refletir os estudantes, o corpo docente e o pessoal;
- Cursos e ou o currículo.

Os seguintes critérios foram utilizados para estabelecer e determinar itens para o processo de seleção"

- Pedidos dos alunos com indicação dos níveis de leitura
- Cultura da população estudantil
- Programas de estudos da faculdade
- Cultura académica da faculdade
- apresentação e formato do livro
- Qualidade do papel utilizado
- Indexação e índice adequado
- Durabilidade e/ou flexibilidade das fixações
- Métodos e técnicas de aprendizagem

As fontes de seleção e revisão utilizadas foram:

- A Barnes and Noble Barnes é um excelente retalhista de livros e, normalmente, tem uma localização central em todas as suas localizações.
- A Book Links é conhecida por ser um recurso para educadores e bibliotecários.
- O Book Reporter discute livros e críticas em linha. Isto torna o recurso acessível.
- BookReview.com analisa livros de um número considerável de autores qualificados.

Os recursos acima referidos foram utilizados para ajudar na seleção, porque estas ferramentas são reputadas, autorizadas e altamente recomendadas no âmbito da profissão. Estes recursos também são actualizados periodicamente. São utilizados numa base de tentativa e erro devido à falta de conhecimentos "práticos" e ao facto de existirem muitas ferramentas de recursos disponíveis online. Todos os recursos utilizados são "amigos dos recursos/revisões".

III. Tabela de selecções

Autor TítuloFormato   Editor ISBN Preço
Fonte de seleção Fonte de revisão Outros pormenores

Gates, H.L. Biografia Nacional Afro-Americana BK OX CR

Meyers, Robert Ency of Molecular Cell Bio and Molecular MD BK WJ O

Slaight,Marie Os Poemas de Antígona BK APP O

Puchner, M. e outros The Norton Anthology of World Literature BK N O

Phillips, C. & A. Axelrod Encyclopedia of Wars BK Facts on File O

**Atenção às abreviaturas/legenda/chave:

APP= Altaire Productions & Publications

BK= livro

B&N=Barnes & Noble

CR=Revisão do cliente

ER=Revisão editorial

LJ=Revista da biblioteca

N=Norton

O=Visão geral

OX=Oxford University Press

WJ=Wiley, John & Sons

Capítulo 3

**Questões de privacidade, censura e
legislação governamental
e o seu potencial impacto no desenvolvimento de colecções**

INTRODUÇÃO

Informações de base

Em 1965, a Biblioteca Olin e o Centro de Comunicações foram abertos à família e

à comunidade do Jarvis Christian College. É uma estrutura de tijolo de dois andares e

meio, com ar condicionado e aquecimento central. O centro contém a Biblioteca, o Centro

de Média, o Centro de Recursos de Formação de Professores e os Arquivos. A Biblioteca

e Centro de Comunicação Olin recebeu o nome do seu doador, a Fundação Olin. O piso

principal da biblioteca foi renovado e ampliado em 1988. Em 1999, a Biblioteca e Centro

de Comunicação Olin passou a chamar-se Centro de Recursos de Aprendizagem Olin para

abranger todos os avanços tecnológicos do Colégio (ver Anexo A).

Declaração de objetivo e missão (visão)

O Jarvis Christian College, uma instituição tradicional de artes liberais, oferece uma

educação de qualidade na tradição judaico-cristã. A missão do Colégio é preparar os

alunos intelectualmente, socialmente e pessoalmente para funcionarem eficazmente numa

sociedade global e tecnológica.

O Olin Learning Resource Center (OLRC) contém a Biblioteca, o Media Center, o

Teacher Education Resource Center e os Arquivos. A missão do Olin Learning Resources

Center é apoiar a missão da faculdade adquirindo, organizando e divulgando informações em vários formatos que apoiam o currículo e os programas da instituição, proporcionando aos alunos experiências de aprendizagem desafiadoras que desenvolvem habilidades essenciais para a competência profissional na carreira escolhida. Os seguintes objectivos foram formulados para ajudar a cumprir esta missão (ver Apêndice A).

1. Disponibilizar uma coleção atual e intelectualmente equilibrada para apoiar o currículo atual do Colégio, o enriquecimento pessoal dos patronos e as necessidades da comunidade.

2. Organizar, alojar, fazer circular e divulgar os materiais da biblioteca de forma eficaz e eficiente, a fim de garantir a máxima acessibilidade da coleção.

3. Incentivar e promover a participação do pessoal da biblioteca em acções de formação contínua e oportunidades de desenvolvimento profissional.

4. Disponibilizar pessoal técnico e profissional qualificado para ajudar os utilizadores a encontrar informações e materiais.

5. Proporcionar e manter um ambiente físico atrativo, confortável e estimulante que seja propício à aprendizagem.

6. Fornecer orientação e instrução sobre a utilização dos recursos e serviços.

7. Participar no desenvolvimento cooperativo de colecções com outras organizações, bibliotecas e instituições da Associação de Colégios em Desenvolvimento do Texas para satisfazer as necessidades de informação dos alunos, professores, funcionários e comunidade.

Para levar a cabo esta missão, o Conselho de Administração, o Presidente e o pessoal do Centro de Recursos de Aprendizagem do Jarvis Christian College subscrevem, em princípio, a seguinte declaração de política expressa pela Associação Americana de Bibliotecas (ver Apêndice A).

Público-alvo

O público-alvo e a população-alvo são os estudantes e os utentes de Hawkins, Texas (Wood County) e da zona rural do leste do Texas. Os estudantes são mais do que bem-vindos ao Olin Learning Resource Center; para além disso, as pessoas da cidade e do leste do Texas também são bem-vindas a utilizar os serviços destas instalações. Tradicionalmente, os utilizadores são estudantes do Jarvis Christian College e de Hawkins, no Texas. Os clientes também incluem o corpo docente e o pessoal do Jarvis Christian College (Ver Anexo A para dados demográficos pormenorizados).

Financiamento

O financiamento provém do Título Três (50%/50%) para o funcionamento da biblioteca. Além disso, à semelhança de outras bibliotecas académicas, o financiamento também depende das propinas. O Jarvis Christian College é uma instituição académica de ensino superior privada, dos Discípulos de Cristo; por conseguinte, os Discípulos de Cristo fornecem dotações financeiras para o financiamento do orçamento. A biblioteca também recebe financiamento através de subsídios, fundos federais e donativos privados (ver Anexo A).

O historial orçamental é um reflexo das inscrições dos estudantes. No entanto, o orçamento carece de coerência, porque as matrículas variam em cada período letivo.

Colecções

O Centro de Recursos de Aprendizagem Olin do Jarvis Christian College tem um núcleo que reflecte todos os cursos principais ou secundários oferecidos pelo colégio, que é uma instituição de artes liberais. Os livros e outros materiais estão devidamente alojados na biblioteca de dois andares. A coleção de livros e materiais é muito examinada nas áreas da religião, ideologias e ciência. Igualmente importante, a necessidade de ficção aumentou. É óbvio que a necessidade de ficção estabeleceu um papel no campus do Jarvis Christian College. Os estudantes são encorajados a tornarem-se leitores ávidos (Ver Apêndice A).

Os recursos de impressão são também vitais para a utilização do Olin Learning Resource Center. O software audiovisual e informático tem um lugar na biblioteca. Por conseguinte, os materiais ou software devem satisfazer o objetivo específico do currículo ou apoiar uma atividade à qual a instituição está associada. Espera-se também que os materiais ou software estejam actualizados em termos de apresentação, conteúdo e produção. Este esforço é importante em termos de satisfação das necessidades da clientela (ver Apêndice A).

Além disso, a biblioteca deve manter actualizados os manuais de todos os professores de todas as disciplinas académicas. Os estudantes devem poder confiar na biblioteca do campus quando se trata de responder às necessidades das suas aulas, o que é esperado na maioria dos colégios e universidades.

A biblioteca utiliza a Biblioteca do Congresso para organizar os seus livros e materiais. Embora a maioria das bibliotecas académicas tenda a utilizar o catálogo da Biblioteca do Congresso, algumas faculdades e universidades podem utilizar o sistema decimal de Dewey.

Existem alguns pontos fortes e fracos no Centro de Recursos de Aprendizagem Olin. Os pontos fortes são a coleção afro-americana, os periódicos e o número adequado de computadores disponíveis. Os pontos fracos são o número limitado de livros de ciências naturais e a falta de mobiliário confortável.

Desenvolvimento de colecções

O objetivo do desenvolvimento da coleção é assegurar que a coleção principal esteja totalmente desenvolvida. Os registos e materiais devem ser devidamente indexados e catalogados, o que é imperativo para ajudar toda a gente a obter livros, materiais e fontes. Além disso, os recursos electrónicos devem ser actualizados regularmente (anualmente) para garantir uma utilização adequada pelos estudantes e clientes da comunidade. Além disso, os Materiais de Referência Prontos e a Referência Geral devem ser alojados corretamente e estar disponíveis para todos os estudantes (materiais não circulantes), o que também inclui revistas, arquivo vertical e jornais (ver Anexo A).

A eliminação de materiais é também importante no processo de desenvolvimento da coleção. Espera-se que todas as bibliotecas realizem esta tarefa para garantir que as estatísticas de circulação estejam em boas condições em termos de utilização da biblioteca (ver Apêndice A).

Os arquivos estão guardados no departamento de Arquivos do Jarvis Christian College. Isto inclui anuários, catálogos, jornais, brochuras e outros materiais/documentos de recordação (Ver Apêndice A).

O inventário é um projeto anual. O objetivo é selecionar os artigos que necessitam de ser encadernados, reparados ou eliminados.

Serviços de biblioteca

Os serviços da biblioteca são importantes em termos de aumento da taxa de retenção. Por exemplo, a utilização de computadores e a utilização efectiva do catálogo em linha são prioridades importantes para ajudar a manter os alunos. O Centro de Recursos de Aprendizagem Olin inicia programas para promover a literacia da informação e o recrutamento para efeitos de retenção. Em termos de educação dos utilizadores, são criadas instruções bibliográficas para ajudar os estudantes e os clientes da comunidade a utilizar a biblioteca.

Investigações patrocinadas pelo governo

As investigações patrocinadas pelo governo foram implementadas para que a biblioteca esteja em conformidade com as diretrizes da American Library Association (ver Anexo A).

Políticas sobre censura, privacidade dos utilizadores, etc.

De acordo com o Jarvis Christian College, Olin Learning Resource Center, espera-se que os clientes respeitem e reconheçam os direitos de propriedade intelectual, incluindo, mas não se limitando às leis de direitos autorais de software aplicáveis. Para além disso, toda a utilização dos recursos tecnológicos do Jarvis Christian College está sujeita às leis federais, estatais e locais, às políticas e procedimentos do Colégio e a várias regras laboratoriais, conforme apropriado (ver Apêndice A).

Políticas actuais

O Centro de Recursos de Aprendizagem Olin tem políticas em vigor para manter a biblioteca em ordem. Além disso, as políticas são obrigatórias, a fim de satisfazer os requisitos da American Library Association (Ver Apêndice A).

Capítulo 4

Anotações

Alabastro, C. (2010). *Developing an Outstanding Core Collection: A Guide for Libraries, Segunda Edição*. Chicago: Associação Americana de Bibliotecas.

Esta obra de referência é bastante atual na sua abordagem, na medida em que aponta corajosamente os sinais de constante mudança da tecnologia. A autora estabelece as bases para a utilização e manutenção de recursos de referência em todos os formatos. Isto inclui os recursos em linha. Além disso, a autora assegura que o bibliotecário é o perito responsável e tem uma compreensão exacta da coleção da biblioteca e conhece a importância do desenvolvimento da coleção, o que é partilhado com os leitores através da demonstração de exemplos de políticas de desenvolvimento de colecções. O autor está qualificado, através da sua experiência e formação, para dar o tipo de sabedoria que é necessário para construir uma coleção de referência. É disto que trata o *Developing an Outstanding Core Collection: Um Guia para Bibliotecas*!

Boyarski, J.S. e K. Hickey. (1994). *Gestão de colecções na era eletrónica: A Manual* . Chicago: American Library Association (http://www.amazon.com/Collection-Management-Electronic-Age-Manual/dp/0838977375/ref=sr_1_1?ie=UTF8&qid=1386972902&sr=8 - 1&keywords=college+libraries+AND+collection+policies).

Gestão de colecções na era eletrónica: A Manual é uma coleção de inquéritos da Community and Junior College Libraries Section (CJCLS) da American Library Association. Estes inquéritos são as respostas que as bibliotecas deram em relação à utilização da nova tecnologia, incluindo formatos electrónicos para armazenar, eliminar e disseminar informação. Embora muitos dos formatos variem, a forma como são utilizados deve ser incluída nas políticas e procedimentos.

Butler, P. (2008). *An Introduction to Library Science*. Inglaterra: McIntosh Press.

Aqui o autor dá uma visão geral dos grandes centros de bibliotecas nos Estados Unidos e da rapidez com que o movimento da informação cresceu. Além disso, neste trabalho, a biblioteconomia é definida como uma ciência da economia bibliotecária, em primeiro lugar, com ênfase estrutural básica nos ensinamentos do Sr. Dewey (Sistema Decimal de Dewey). Naturalmente, grande parte da ciência biblioteconómica durante os primórdios foi aplicada utilizando estratégias e técnicas científicas relacionadas com a descrição bibliográfica, e gestão, técnicas estatísticas. Este livro é necessário para dar, especialmente aos novos profissionais da disciplina, uma melhor compreensão de todos os aspectos do que estaremos a fazer no futuro.

Cassell, K.A. (1999). *Developing Reference Collections and Services in an Electronic Age [Desenvolver colecções e serviços de referência numa era eletrónica]*. Nova Iorque: Neal Schuman Publishers.

Diretora do programa de mestrado da Rutgers the State University of New Jersey, Kay Ann Cassell não é apenas uma académica, mas também uma bibliotecária praticante que escreve este livro a partir da sua experiência prática. Ela ilustra os deveres das obras de referência e o planeamento e as políticas de referência. É evidente que este livro aborda os desafios da referência para utilização futura. A autora antecipa as necessidades e os desejos dos bibliotecários de referência e, através da sua escrita, está apta e pronta a responder. O funcionamento da referência é feito basicamente passo a passo.

Edward, E.G. e M. Z. Saponaro. (2005). *Desenvolvimento de colecções de bibliotecas e centros de informação. 5ª ed..* Englewood, CO: Libraries Unlimited.

Em dezoito capítulos, os autores abordam informações valiosas sobre questões que envolvem conteúdo, acesso, suporte, custo e outras questões pertinentes. Além disso, os leitores obterão conhecimentos adicionais sobre o desenvolvimento de colecções e a Web. Igualmente importante, a informação governamental e significativa relativa ao livre acesso à informação é mais do que mera teoria nesta obra de qualidade superior. Os autores transmitiram uma grande quantidade de antecedentes, incluindo a história de como a informação governamental evoluiu na profissão de bibliotecário.

Francisco, Maria (2012). "Remoção de ervas daninhas da coleção de referência: um estudo de caso de gestão de colecções". *The Reference Librarian*, 53(2), 219-234 (http://www.tandfonline.com/doi/abs/10.1080/02763877.2011.619458 #preview).

Este artigo sublinha a importância de fazer uma análise introspectiva sobre a forma como mantemos e estabelecemos a ordem através do processo de eliminação de ervas daninhas da coleção de referência. Há muitos métodos que podem ser utilizados, especialmente porque atualmente recuperamos e divulgamos informação numa variedade de formatos. Retiramos as ervas daninhas dos materiais tradicionais, bem como das fontes de informação electrónicas. Ao mesmo tempo que eliminamos os materiais, temos de rever constantemente a política de coleção de referência para a sua substituição e equilíbrio. Ao mesmo tempo, a política de eliminação de ervas daninhas não deve ser negligenciada. O que torna este artigo tão real é o facto de o autor ter selecionado situações práticas que outras bibliotecas utilizaram com sucesso

Gregory, V. L. (2011) *Collection Development and Management for 21ˈCentury Collections: An Introduction.* Nova Iorque: Neal-Schuman Publishers.

Há doze capítulos em que o Professor Gregory inclui conversas sobre análise orçamental, seleção de materiais apropriados para bibliotecas, incluindo eletrónica; desenvolvimento de políticas de coleção, relatórios de avaliação de necessidades, purga de colecções. Uma das caraterísticas especiais deste livro de texto é o facto de o autor, que é altamente respeitado no campo dos estudos sobre bibliotecas e informação, se certificar de que cada capítulo é compreendido. Isto é óbvio pelas questões de discussão em cada capítulo.

Johnson, P. (2009). *Fundamentals of Collection Development and Management, segunda edição,* Chicago: Associação Americana de Bibliotecas.

A fundamental of Collection Development and Management, de Peggy Johnson, é um daqueles livros que deveria estar na prateleira do escritório de todos os bibliotecários académicos. A autora, que foi bibliotecária universitária interina na Universidade de Minnesota e uma temporada, descreve claramente em dez capítulos o processo de desenvolvimento de colecções, bem como a sua manutenção e atualização utilizando recursos electrónicos com aquisições adequadas. Há informações notáveis sobre a análise orçamental. Além disso, Johnson utiliza vários casos de estudo para que o leitor tenha uma compreensão exacta do assunto de uma forma prática. Este livro inclui exemplos úteis de políticas de desenvolvimento de colecções e ilustrações relativas a contratos e licenças.

Mason, M. K. "Library Catalogues and Collection Development," (Obtido em 13 de dezembro de 2013 em http://www.moyak.com/papers/collection-development-catalogues.html).

Desenvolvimento," (Obtido em 13 de dezembro de 2013, de

http://www.moyak.com/papers/collection-development- catalogues.html).

Moya Mason escreve que os catálogos de bibliotecas listam os títulos detidos por uma biblioteca e, nalguns casos, aqueles a que têm acesso através do empréstimo interbibliotecas. Afirma nos artigos que o principal objetivo é que os clientes e aqueles que trabalham nas bibliotecas encontrem materiais e que os bibliotecários responsáveis pelo desenvolvimento de colecções podem utilizar um catálogo de biblioteca para o seu trabalho como bibliografia temática. Com as bibliotecas, devem pensar em expandir a coleção para uma maior utilização. No entanto, têm de conhecer os seus clientes, bem como o que está disponível, mas não devem depender do que está no catálogo para desenvolver a coleção.

Singer, C. A. (2012). *Fundamentals of Managing Reference Collections [Fundamentos da gestão de colecções de referência]*. Chicago: Associação Americana de Bibliotecas.

É fácil deduzir que Carol Singer, bibliotecária de referência na Bowling Green State University, escreveu *Fundamentals of Managing Reference Collections* a partir da sua experiência de vida como bibliotecária. Nos seus nove capítulos, Singer aborda a coleção de referência e, ao fazê-lo, faz com que os outros bibliotecários de referência sintam que ela escreveu sobre o seu departamento de referência, uma vez que se trata de muitas das questões idênticas relativas à manutenção e eliminação de ervas daninhas da coleção de referência, que inclui Documentos do Governo. É claro que a autora se recusa a ignorar o facto de que é necessária uma Política de Desenvolvimento de Colecções, porque a

forma como seleccionamos os materiais, mantemos a coleção ou eliminamos os que não

estão actualizados ou não são utilizados é muito importante, e fala aos nossos clientes

sobre as nossas ofertas e exigências em relação a eles como defensora.

BIBLIOGRAFIA

Fontes citadas

ALA, "Banned and Challenged Books," Recuperado a 12 de dezembro de 2013 de http://www.ala.org/bbooks).

ALA, "About Banned & Challenged Books," (Obtido em 12 de dezembro de 2013 em http://www.ala.org/bbooks/about).

ALA, "Code of Ethics of the American Library Association" (Código de Ética da Associação Americana de Bibliotecas), (Obtido em 12 de dezembro de 2013 de http://www.ala.org/advocacy/proethics/codeofethics/codeethics).

ALA, ilovelibraries.org, "Libraries and Intellectual Freedom" (Bibliotecas e Liberdade Intelectual), (Recuperado em 12 de dezembro de 2013 de http://www.ilovelibraries.org/getinformed/intellectualfreedom).

ALA, "Library Bill of Rights," (Obtido em 12 de dezembro de 2013 em http://www.ala.org/advocacy/intfreedom/librarybill).

Evans, G.E. e M. Z. Saponaro. (2005). Desenvolvimento de colecções de bibliotecas e centros de informação. . Westport, CT: Libraries Unlimited.

Gregory, V. L. (2011). *Desenvolvimento e gestão de colecções para colecções de bibliotecas do século XXI: An Introduction*. Nova Iorque: Neal-Schuman Publishers, Inc.

Media Trips, "Regulations For Freedom Of Speech And Expressions," (Recuperado em 12 de dezembro de 2013 de http://www.mediatrips.com/media-regulations/regulations-for- freedom-of-speech-and-expressions.html).

Fontes consultadas

Altman, A. 2005. "O direito de se excitar: pornografia, autonomia, igualdade". Em Contemporary debates in applied ethics. Eds. A. Cohen e C. Heath-Wellman. Malden, MA: Blackwell: 223-35.

Associação Americana de Bibliotecas. 1996. "A liberdade de ler". In Intellectual freedom manual, 5th ed., Chicago and London. Chicago e Londres: American Library Association: 127-49.

Associação Americana de Bibliotecas, Gabinete para a Liberdade Intelectual. 1996. "Introdução". Em Intellectual freedom manual, 5th ed., Chicago and London. Chicago e Londres: American Library Association: xiii-xviii.

Asheim, L. 1983. "Seleção e censura: uma reavaliação". Boletim da Biblioteca Wilson 58 (novembro): 180-84.

Banks, M 1998. "Filtragem da Internet nas bibliotecas: The Case (mostly) in favor." Computers in Libraries 18 (março): 50-54.

Comissão para a Obscenidade e a Pornografia. 1970. O Relatório. Washington: Superintendência de Documentos.

Dworkin, R. 1977. Taking rights seriously. Cambridge: Harvard University Press.

Dworkin, R. 1985. A Matter of principle (Uma questão de princípio). Cambridge: Harvard University Press.

Dworkin, R. 1991. "Liberdade e pornografia". New York Review of Books, 38, (14; 15 de agosto): 12-15.

Dworkin, R. 1993. "Mulheres e pornografia". New York Review of Books, 40, (17; 21 de outubro): 36- .

Dworkin, R. e MacKinnon, C. 1994. "Pornografia: uma troca". New York Review of Books: 41, (5; 3 de março).

Etzioni, A. 1997. "A Primeira Emenda não é absoluta nem mesmo na Internet". Journal of Information Ethics 6 (outono): 64-66.

Fallis, D. 2004. "Teoria do valor epistémico e ética da informação". Minds and Machines 14: 101-117.

Fallis, D. 2006. "Social epistemology and information science" [Epistemologia social e ciência da informação]. Annual Review of Information Science and Technology 40: 475-519.

Feinberg, J. 1985. Offense to others. Nova Iorque: Oxford University Press.

Fricke, M.; Mathiesen, K.; e Fallis, D. 2000. "The Ethical presuppositions behind the Library Bill of Rights" [Os pressupostos éticos por trás da Declaração de Direitos da Biblioteca]. Library Quarterly 29 (4): 468-91.

Fujimoto, J.1990. "Representação do ponto de vista de um documento em colecções de bibliotecas: Um tema de obrigação e resistência". Library Resources and Technical Services 34 (1): 12-23.

Krug, J. e Harvey, J. (1996). "ALA e liberdade intelectual: uma visão histórica". Em Intellectual freedom manual, quinta edição. Chicago e Londres: American Library Association: xix-xlvii.

MacKinnon, C. 1987. Feminism unmodified : Discourses on life and law. Cambridge: Harvard University Press.

MacKinnon, C. 1989. Toward a feminist theory of the state (Para uma teoria feminista do Estado).
Cambridge: Harvard University Press.

MacKinnon, C. 1993. Only words. Cambridge: Harvard University Press.

Rawls, J. 1971. A Theory of justice. Cambridge: Harvard University Press.

Robbins, L. 1996. Censorship and the American library: the American Library Association's response to threats to intellectual freedom, 19391969. Westport, Connecticut: Greenwood Press.

Ryan, A. 1990. The Philosophy of John Stuart Mill [A Filosofia de John Stuart Mill]. Atlantic Highlands, NJ: Humanities Press International.

Swan, J. e Peattie, N. 1989. The Freedom to lie: A Debate about democracy. Jefferson, Carolina do Norte e Londres: McFarland and Company.

Williams, B. et al. 1981. Obscenidade e censura cinematográfica: An Abridgment of the Williams report. Cambridge, Inglaterra, e Nova Iorque: Cambridge University Press.

Wiegand, W. 1989. An Active instrument for propaganda: The American public library during World War I. Nova Iorque: Greenwood Press.

Henry Louis Gates e Evelyn Higginbotham, *Biografia Nacional Afro-Americana*, (Obtido em 16 de dezembro de 2013 em http://www.barnesandnoble.com/s/-AND-african-american-national- biographyhenry-louis-gates?store=allproducts&keyword=+AND+african+american+national +biographyhenry+louis+gates

Robert A. Meyers, *Encyclopedia of Molecular Cell Biology and Molecular Medicine, Proteasomes to Recetor, Transporter and Ion Channel Diseases / Edition 1,* (Obtido em 16 de dezembro de 2013 de http://www.barnesandnoble.com/w/encyclopedia-of-molecular-cell- biology-and-molecular-medicine-proteasomes-to-recetor-transporter- and-ion-channel-diseases-robert-a- meyers/1101192811?ean=9783527306480).

Marie Slaight, *The Antigone Poems,* (Recuperado em 16 de dezembro de 2013 de http://www.bookreview.com/$spindb.query.bottom.booknew).

Martin Puchner e outros, *The Norton Anthology of World Literature*, recuperado em 16 de dezembro de 2013 de http://books.wwnorton.com/books/index.aspx).

Charles Phillips e Alan Axelrod, *Enciclopédia das Guerras*, (Recuperado em 16 de dezembro de 2013 de http://www.barnesandnoble.com/listing/2690615881118?r=1&cm_mm ca2=pla&cm_mmc=GooglePLA-_-Book_45Up- -Q000000633-_-2690615881118).

APÊNDICES

Apêndice a As 5 liberdades da Primeira Emenda

As 5 liberdades da Primeira Emenda

Discurso

A Primeira Emenda diz que as pessoas têm o direito de falar livremente sem interferência do governo.

Imprensa

A Primeira Emenda confere à imprensa o direito de publicar notícias, informações e opiniões sem interferência do governo. Isto também significa que as pessoas têm o direito de publicar os seus próprios jornais, boletins informativos, revistas, etc.

Religião

A Primeira Emenda proíbe o governo de estabelecer uma religião e protege o direito de cada pessoa a praticar (ou não praticar) qualquer fé sem interferência do governo.

Petição

A Primeira Emenda diz que as pessoas têm o direito de apelar ao governo a favor ou contra as políticas que as afectam ou pelas quais se sentem fortemente motivadas. Esta liberdade inclui o direito de recolher assinaturas de apoio a uma causa e de exercer pressão sobre os órgãos legislativos a favor ou contra a legislação.

Montagem

A Primeira Emenda diz que as pessoas têm o direito de se reunirem em público para marchar, protestar, manifestar, transportar cartazes e expressar as suas opiniões de forma não violenta. Significa também que as pessoas podem juntar-se e associar-se a grupos e organizações sem interferência.

Apêndice b Declaração de direitos da biblioteca

Declaração de Direitos da Biblioteca
(http://www.ala.org/advocacy/intfreedom/librarybill)

A American Library Association afirma que todas as bibliotecas são fóruns de informação e ideias, e que as seguintes políticas básicas devem orientar os seus serviços.

I. Os livros e outros recursos da biblioteca devem ser disponibilizados para o interesse, a informação e o esclarecimento de todas as pessoas da comunidade que a biblioteca serve. Os materiais não devem ser excluídos devido à origem, antecedentes ou pontos de vista daqueles que contribuem para a sua criação.

II. As bibliotecas devem fornecer materiais e informações que apresentem todos os pontos de vista sobre questões actuais e históricas. Os materiais não devem ser proibidos ou removidos devido a desaprovação partidária ou doutrinária.

III. As bibliotecas devem desafiar a censura no cumprimento da sua responsabilidade de fornecer informação e esclarecimento.

IV. As bibliotecas devem cooperar com todas as pessoas e grupos preocupados em resistir à restrição da liberdade de expressão e do livre acesso às ideias.

V. O direito de uma pessoa a utilizar uma biblioteca não deve ser negado ou restringido devido à sua origem, idade, antecedentes ou opiniões.

VI. As bibliotecas que disponibilizam espaços de exposição e salas de reuniões ao público que servem devem disponibilizar essas instalações numa base equitativa, independentemente das crenças ou afiliações dos indivíduos ou grupos que solicitam a sua utilização.

Apêndice c Código de Ética da Associação Americana de Bibliotecas

Código de Ética da Associação Americana de Bibliotecas
(http://www.ala.org/advocacy/proethics/codeofethics/codeethics)

Como membros da Associação Americana de Bibliotecas, reconhecemos a importância de codificar e dar a conhecer à profissão e ao público em geral os princípios éticos que orientam o trabalho dos bibliotecários, de outros profissionais que prestam serviços de informação, dos administradores de bibliotecas e dos funcionários das bibliotecas.

Os dilemas éticos ocorrem quando os valores estão em conflito. O Código de Ética da Associação Americana de Bibliotecas estabelece os valores com os quais estamos comprometidos e incorpora as responsabilidades éticas da profissão neste ambiente de informação em constante mudança.

Influenciamos ou controlamos significativamente a seleção, organização, preservação e divulgação da informação. Num sistema político baseado numa cidadania informada, somos membros de uma profissão explicitamente empenhada na liberdade intelectual e na liberdade de acesso à informação. Temos uma obrigação especial de assegurar o livre fluxo de informações e ideias para as gerações actuais e futuras.

Os princípios do presente Código são expressos em declarações gerais para orientar a tomada de decisões éticas. Estas declarações fornecem um enquadramento; não podem e não ditam a conduta para cobrir situações particulares.

I.

Prestamos o mais elevado nível de serviço a todos os utilizadores da biblioteca através de recursos adequados e organizados de forma útil; políticas de serviço equitativas;

acesso equitativo; e respostas precisas, imparciais e corteses a todos os pedidos.

II.

Defendemos os princípios da liberdade intelectual e resistimos a todos os esforços para censurar os recursos da biblioteca.

III.

Protegemos o direito de cada utilizador da biblioteca à privacidade e à confidencialidade no que diz respeito às informações procuradas ou recebidas e aos recursos consultados, emprestados, adquiridos ou transmitidos.

IV.

Respeitamos os direitos de propriedade intelectual e defendemos o equilíbrio entre os interesses dos utilizadores da informação e os dos detentores dos direitos.

V.

Tratamos os colegas de trabalho e outros colegas com respeito, justiça e boa fé, e defendemos condições de emprego que salvaguardem os direitos e o bem-estar de todos os trabalhadores das nossas instituições.

VI.

Não promovemos interesses privados à custa dos utilizadores da biblioteca, dos colegas ou das nossas instituições empregadoras.

VII.

Fazemos uma distinção entre as nossas convicções pessoais e os nossos deveres profissionais e não permitimos que as nossas crenças pessoais interfiram com a representação justa dos objectivos das nossas instituições ou com o acesso aos seus recursos de informação.

VIII.

Esforçamo-nos por alcançar a excelência na profissão, mantendo e melhorando os nossos próprios conhecimentos e competências, incentivando o desenvolvimento profissional dos colegas de trabalho e promovendo as aspirações de potenciais membros da profissão.

Apêndice A: Política de desenvolvimento de colecções

1.   Declaração de filosofia

Declaração de missão do Jarvis Christian College

O Jarvis Christian College, uma instituição tradicional de artes liberais, oferece uma educação de qualidade na tradição judaico-cristã. A missão do Colégio é preparar os estudantes intelectualmente, socialmente e pessoalmente para funcionarem eficazmente numa sociedade global e tecnológica.

Declaração de missão do Olin Learning Resource Center

O Olin Learning Resource Center (OLRC) contém a Biblioteca, o Media Center, o Teacher Education Resource Center e os Arquivos. A missão do Olin Learning Resource Center é apoiar a missão da faculdade, adquirindo, organizando e divulgando informações em vários formatos que apoiam o currículo e os programas da instituição, proporcionando aos alunos experiências de aprendizagem desafiadoras que desenvolvem habilidades essenciais para a competência profissional na carreira escolhida. Os seguintes objectivos foram formulados para ajudar a cumprir esta missão.

- Disponibilizar uma coleção atual e intelectualmente equilibrada para apoiar o currículo atual do Colégio, o enriquecimento pessoal dos patronos e as necessidades da comunidade.

- Organizar, alojar, fazer circular e divulgar os materiais da biblioteca de forma eficaz e eficiente, a fim de garantir a máxima acessibilidade da coleção.

- Incentivar e promover a participação do pessoal da biblioteca em acções de formação contínua e oportunidades de desenvolvimento profissional.

- Disponibilizar pessoal técnico e profissional qualificado para ajudar os utentes a encontrar informações e materiais.

- Proporcionar e manter um ambiente físico atrativo, confortável e estimulante que seja propício à aprendizagem.

- Fornecer orientação e instrução sobre a utilização dos recursos e serviços.

- Participar no desenvolvimento cooperativo de colecções com outras organizações, bibliotecas e instituições da Associação de Colégios em Desenvolvimento do Texas para satisfazer as necessidades de informação dos alunos, professores, funcionários e comunidade.

- Para levar a cabo esta missão, o Conselho de Administração, o Presidente e o pessoal do Centro de Recursos de Aprendizagem do Jarvis Christian College subscrevem, em princípio, a seguinte declaração de política expressa pela Associação Americana de Bibliotecas.

Declaração de direitos da biblioteca

A American Library Association afirma que todas as bibliotecas são fóruns de informação e ideias, e que as seguintes políticas básicas devem orientar os seus serviços.

I.

Os livros e outros recursos da biblioteca devem ser disponibilizados para interesse, informação e esclarecimento de todas as pessoas da comunidade que a biblioteca serve. Os materiais não devem ser excluídos.

II.

As bibliotecas devem fornecer materiais e informações que apresentem todos os pontos de vista sobre questões actuais e históricas. Os materiais não devem ser proscritos ou removidos devido a desaprovação partidária ou doutrinária.

III.

As bibliotecas devem desafiar a censura no cumprimento da sua responsabilidade de fornecer informação e esclarecimento.

IV.

As bibliotecas devem cooperar com todas as pessoas e grupos preocupados em resistir à restrição da liberdade de expressão e do livre acesso às ideias.

V.

O direito de uma pessoa a utilizar uma biblioteca não deve ser negado ou restringido devido à sua origem, idade, antecedentes ou opiniões.

VI.

As bibliotecas que disponibilizam espaços de exposição e salas de reuniões ao público que servem devem disponibilizar essas instalações numa base equitativa, independentemente das crenças ou afiliações dos indivíduos ou grupos que solicitam a sua utilização.

Adoptada em 18 de junho de 1948
Alterado em 2 de fevereiro de 1961 e 23 de janeiro de 1980,
inclusão de "idade" reafirmada em 23 de janeiro de 1996,
pelo Conselho da Associação Americana de Bibliotecas

Responsabilidade pela seleção dos materiais

O Conselho de Administração, órgão dirigente da instituição, é legalmente responsável pela seleção dos materiais. A autoridade para a seleção de materiais é delegada no

Presidente. O Presidente delega a responsabilidade no Diretor do OLRC, que é responsável pelas operações e pelo pessoal do Olin Learning Resource Center.

A seleção do material é um processo contínuo que envolve administradores, professores e alunos. O fator básico é o currículo. O corpo docente e o pessoal recebem formulários de pedido para solicitar a compra de materiais para o OLRC (ver Apêndice A). Pede-se aos membros do corpo docente e do pessoal com áreas específicas de interesse e experiência que façam recomendações de materiais nas suas respectivas áreas, bem como de referências gerais. Uma lista de novos livros e outros materiais, catalogados e adicionados à coleção da biblioteca, é fornecida regularmente ao corpo docente e ao pessoal.

Sempre que possível, os materiais audiovisuais são visionados antes da compra ou encomendados com privilégio de devolução garantido.

1.   Critérios de seleção

A.   Recursos de impressão

Para a seleção dos materiais, devem ser consultadas as seguintes entidades

- Revisão de ferramentas como catálogos standard
- Resenhas de revistas
- Várias listas e prémios anuais
- Recomendações de outras organizações educativas reconhecidas

São considerados os seguintes critérios específicos:

- O objetivo global dos materiais e a forma como é cumprido.
- Reputação e importância do autor.
- Atualidade ou permanência do material.
- Importância do tema para a coleção.
- Exatidão do material.
- Reputação e normas do editor ou produtor.
- Legibilidade e atração do leitor.
- Qualidade da escrita e das ilustrações.
- Aparência do título nas ajudas à seleção de material.
- Preço.

Os temas **de não-ficção** que são tópicos de crítica são cuidadosamente considerados antes da seleção.
    Estes incluem:

Religião - Materiais factuais e imparciais que representem todas as principais religiões podem ser incluídos na coleção da biblioteca. As Bíblias e outros escritos sagrados são aceitáveis. As publicações de organismos religiosos podem ser selecionadas se tiverem valor geral ou aparecerem em índices de revistas.

Ideologias - O OLRC disponibilizará, sem qualquer esforço para influenciar o juízo do leitor, informações factuais básicas sobre o nível de maturidade do seu público leitor em matéria de ideologias ou filosofias de interesse atual ou permanente.

Ciência - Os conhecimentos médicos e científicos serão disponibilizados sem qualquer seleção tendenciosa dos factos.

A ficção assumiu um papel importante como meio educativo. O tratamento correto de problemas históricos, sociais e pessoais significativos em livros de ficção pode contribuir para a compreensão dos problemas humanos e das relações humanas. A ficção é adquirida para complementar áreas do currículo e para incentivar e desenvolver o interesse dos alunos pela leitura.

B. Recursos de impressão - Audiovisual e software informático

Os critérios incluem:

- Os materiais ou programas informáticos devem corresponder a um objetivo específico do programa de estudos ou apoiar uma atividade à qual a instituição está associada.

- Os materiais ou software são actuais em termos de conteúdo, apresentação e produção.

- O material ou o software podem ser utilizados e compreendidos pelos clientes a que se destinam.

- Existe uma necessidade comprovada do material ou software, quer porque não existe material nesta área da coleção, quer porque está danificado ou obsoleto.

IV. Livros e materiais de oferta

O OLRC aceita ofertas no pressuposto de que tem o direito de as tratar ou de as eliminar no melhor interesse da instituição. Esse material pode ser acrescentado à coleção desde que cumpra as normas de seleção. Uma vez entregues ao OLRC, as ofertas não podem ser devolvidas ao doador.
Será enviado ao(s) doador(es) um aviso de receção das ofertas, mas o OLRC não avaliará as ofertas nem fornecerá listagens para efeitos fiscais.

Livros didácticos

O objetivo do OLRC é complementar e apoiar o currículo; os manuais adoptados para uso nas aulas não serão normalmente adquiridos para a coleção da biblioteca. No entanto, podem ser incluídos outros manuais que sejam de referência ou que forneçam a cobertura necessária de um assunto. O centro aceita manuais escolares de professores, funcionários e outras fontes, sujeitos à política declarada de seleção de materiais.

Aquisições

O bibliotecário profissional reúne os formulários de pedido, os catálogos e outras ajudas.
O catálogo de acesso público em linha (OPAC) é verificado para evitar duplicações. A
informação bibliográfica é verificada em fontes como *Books in Print*, *Library Journal* e
outras fontes.

Os artigos a encomendar são registados num formulário de requisição (ver Apêndice B),
sendo-lhes atribuído um número de conta e enviados ao Vice-Presidente para as
Tecnologias da Informação. Uma cópia da requisição é arquivada na pasta adequada. O
gabinete comercial emite uma ordem de compra e envia-a ao fornecedor.

A maioria dos materiais é adquirida através da Baker & Taylor. As especificações de
catalogação também são solicitadas na requisição.

Processamento

Uma vez recebidas, as encomendas são comparadas com a guia de remessa e a
requisição. O diretor-adjunto importa os dados bibliográficos do disco de dados
fornecido pelo fornecedor e faz as edições necessárias. As edições incluem a adição de
preço, fornecedor e data importados para o sistema automatizado.

Se o fornecedor não puder fornecer um disco de dados, o diretor adjunto procura
informações de catalogação no programa SuperCat, na Biblioteca do Congresso, na
OCLC, etc. O diretor adjunto coloca então um código de barras no material.

O material é então entregue ao funcionário da biblioteca que executa as seguintes
tarefas:

- coloca o carimbo da escola na página de rosto e na página 67;

- imprime ou digita um cartão de lista de prateleiras e uma etiqueta de lombada;

- coloca o penso de segurança na parte de trás do livro e cobre-o com o bolso do
  livro;

Materiais de prateleira.

Classificação

O sistema de classificação da Biblioteca do Congresso é utilizado para a organização
da coleção da biblioteca. O sistema LC organiza o material de acordo com vinte e um
ramos do conhecimento. As categorias individuais estão listadas abaixo:

A - Obras gerais
B - Filosofia, Psicologia, Religião
C - Ciências Auxiliares da História

D - História: Geral e Fora das Américas
E - História: Estados Unidos
F - História: Estados Unidos (Local) e América Latina
G - Geografia, Antropologia, Lazer
H - Ciências Sociais
J - Ciência Política
K - Direito
L - Educação
M - Música
N - Belas Artes
P - Língua e Literatura
Q - Ciência
R - Medicina
S - Agricultura

T - Tecnologia
U - Ciências Militares
V - Ciências Navais
Z - Biblioteconomia e recursos de informação

Substituições

Os artigos perdidos, danificados ou retirados são considerados para substituição de acordo com os seguintes critérios:

1. valor contínuo do título específico;
2. procura do título específico;
3. número de cópias detidas;
4. cobertura existente sobre o assunto;
5. e a disponibilidade de materiais mais recentes sobre o assunto.

D. Publicações em série

As selecções de séries baseiam-se nos mesmos critérios que os descritos acima na política de seleção de livros, para além dos enumerados abaixo:

1. indexação e disponibilidade do índice na biblioteca;
2. matéria (apoio curricular);
3. fonte;
4. e custo.

O OLRC é assinante de publicações periódicas, dando preferência a títulos de interesse geral e que apoiem o currículo. É dada preferência a periódicos que estejam indexados. *O READER'S Guide to Periodical Literature* é atualmente a ferramenta de indexação utilizada.

O OLRC utiliza os serviços de assinatura da EBSCO para adquirir revistas e periódicos para a coleção. As assinaturas de um ano são compradas e renovadas anualmente. No final do período de subscrição, a lista é revista para determinar adições e eliminações com base na utilização.

Um registo de todas as assinaturas de periódicos é mantido em arquivo. Existe também uma listagem actualizada das publicações periódicas no balcão de circulação. À medida que as publicações periódicas são recebidas, são registadas, carimbadas com o carimbo da escola e são-lhes colocados adesivos de segurança. As revistas actuais são colocadas em prateleiras abertas na sala de periódicos. Os números mais antigos das revistas são arquivados em Archived Periodicals no segundo andar. As edições soltas das revistas são guardadas durante cinco (5) anos e depois são deitadas fora ou enviadas para a encadernação.

A biblioteca é assinante de vários jornais de interesse para os estudantes, professores e funcionários. Os números actuais dos jornais são colocados nas prateleiras de exposição de jornais localizadas no piso principal. Os números anteriores são guardados durante dois (2) meses e são armazenados na área de processamento técnico.

VII. Circulação

Os privilégios de empréstimo são alargados às pessoas que possuam uma identificação válida do Jarvis Christian College. Os privilégios de empréstimo são também alargados a pessoas da comunidade com uma identificação válida do Estado do Texas. Os materiais podem ser emprestados durante o horário normal de funcionamento.

Horário da biblioteca

    Segunda-feira - Quinta-feira8 ....:00 a.m.-10 :00p .m.
    Sexta-feira8 ....:00 a.m. -5 :00p .m.
    Sábado9...:00 p.m.-1:00 p.m.
    Domingo6..:00 p.m.-10 :00 p .m.

Nota: O horário está sujeito a alterações e pode variar durante o verão, feriados, convocatórias e eventos especiais no campus.

A. Livros

Os livros da coleção geral e da coleção juvenil podem circular durante catorze (14) dias ou duas (2) semanas. O livro deve ser apresentado no balcão de circulação para renovação e pode ser renovado por mais duas (2) semanas. Os alunos não podem levantar mais de cinco (5) livros de cada vez. A taxa por um **livro perdido** será o preço de compra atual mais uma taxa de processamento de $2,00. Aos **membros do corpo docente e do pessoal** é concedido um privilégio de empréstimo alargado, que se baseia no reconhecimento das suas necessidades especiais. Estes materiais devem ser devolvidos prontamente quando já não estiverem a ser utilizados ou no final do semestre, para que possam ser disponibilizados a outros.

Para levantar um livro, o utilizador deve apresentar um documento de identificação escolar válido aos funcionários da biblioteca. O código de barras do livro e o cartão de identificação são lidos e o sistema automático gera automaticamente um recibo de levantamento indicando a data de vencimento.

Será aplicada uma coima de $.25 por dia por livros em atraso, exceto nos feriados oficiais da faculdade. Todas as multas devem ser pagas e os materiais em atraso devolvidos no final de cada semestre. Um aluno não pode levantar materiais adicionais até que todos os materiais em atraso sejam devolvidos e as multas pagas. No final do semestre, o Gabinete Comercial e o Gabinete de Registo recebem uma lista dos alunos que têm livros em atraso. As transcrições e/ou notas não são libertadas até que todos os materiais sejam devolvidos e/ou as multas pagas.

B. Revistas, arquivo vertical e jornais

As revistas, os materiais de arquivo vertical e os jornais não podem ser levantados. Devem ser utilizados na biblioteca. Deve ser preenchida uma folha de registo (ver Apêndice C) para cada edição anterior das revistas utilizadas. A identificação deve ser deixada com um funcionário da biblioteca no Balcão de Circulação até que a revista seja devolvida. Apenas os funcionários da biblioteca podem recuperar os números atrasados das revistas.

C. Reservar livros

Os livros de reserva são guardados atrás do balcão de circulação e não podem ser levantados. **Os livros de reserva permanente** são guardados na área de processamento técnico e devem ser levantados pelo pessoal da biblioteca.

Os professores podem colocar livros em reserva em qualquer altura do semestre. Antes de efetuar um trabalho, o professor deve notificar o pessoal da biblioteca para colocar livros na reserva; e quando o trabalho estiver concluído, o pessoal deve ser aconselhado a retirar os livros da reserva. O Cartão de Reserva (ver Apêndice D) é colocado em qualquer material que seja colocado na reserva. O aluno deve assinar o cartão e deixar um documento de identificação escolar válido para anexar ao cartão até que o material seja devolvido aos funcionários da biblioteca. O instrutor individual informará os seus alunos sobre os livros colocados em reserva para seu uso e sobre os regulamentos relativos à utilização dos livros.

D. Livros de referência

Os livros **de referência geral** e **de referência pronta** destinam-se a ser utilizados na biblioteca e não podem ser levantados.

E. Arquivos

Os materiais alojados nos arquivos do Jarvis Christian College são apenas para referência. Não podem ser levantados. Incluem livros de curso, catálogos, jornais, brochuras e outras recordações que documentam a história e as actividades diárias do Jarvis Christian College, a sua filiação no Southern Christian Institute e nos Black Disciples of Christ.

VIII. Monda

O OLRC apoia a missão do Jarvis Christian College. É dada atenção para que a coleção de materiais se mantenha vital, atual e de interesse e utilidade para os utentes.

É política do OLRC eliminar materiais obsoletos, em mau estado, ou que já não apoiem o currículo ou sirvam a missão do Centro de Recursos de Aprendizagem. Os materiais considerados úteis podem ser remendados, reforçados ou substituídos por uma edição mais recente. O processo de eliminação de material requer a participação ativa dos membros do corpo docente e do pessoal do centro de recursos de aprendizagem.

Os seguintes materiais serão rejeitados:

- materiais em mau estado físico (sujos, gastos, mutilados);
- materiais que estão desactualizados;
- várias cópias de materiais que já não são muito procurados;
- materiais substituídos por edições novas e revistas

e materiais que já não são considerados adequados para a coleção.

Os materiais infestados serão eliminados de forma adequada. Os critérios e instruções adicionais para a remoção de ervas daninhas estão descritos no *Manual de Desenvolvimento de Colecções do OLRC.*

IX. Inventário

É efectuado um inventário no final de cada ano letivo. O inventário é efectuado no final do semestre da primavera após a graduação. Um computador portátil com o software portátil Galaxy Automation é levado para a prateleira e cada artigo é digitalizado. Os dados são descarregados para uma estação de trabalho e comparados com os dados da lista de prateleiras. Se um item não estiver na prateleira, a base de dados é verificada para saber se o item está na encadernação, se foi requisitado por professores ou se está na lista de atrasos. É feita uma nota no registo para indicar as conclusões. Se o material não constar do inventário durante o inventário seguinte, é tomada a decisão de o substituir ou eliminar do inventário.

Na altura do inventário, os funcionários da biblioteca selecionam os artigos que necessitam de ser encadernados, reparados ou eliminados. Nesta altura, procede-se também à mudança de itens nas prateleiras para acomodar quaisquer alterações à coleção e proporcionar um melhor acesso à mesma.

X.   Empréstimo interbibliotecas

O Olin Learning Resource Center não oferece serviços de empréstimo interbibliotecas; no entanto, estão a ser tomadas medidas para garantir o financiamento e o acesso a um módulo de empréstimo interbibliotecas. Prevê-se que o serviço seja oferecido no próximo ano letivo.

XI.   Diretrizes para a reapreciação de materiais

Qualquer utilizador que pretenda solicitar a reconsideração de qualquer material do OLRC deve apresentar o pedido por escrito em formulários fornecidos pela biblioteca (ver Apêndice E). O formulário preenchido é devolvido à biblioteca. É depois entregue ao Vice-Presidente para as Tecnologias de Informação. Se o Vice-Presidente para as Tecnologias da Informação não conseguir satisfazer o queixoso durante uma conferência informativa, o assunto deve ser remetido para um comité de revisão. *Nenhum funcionário, administrador ou instrutor do OLRC deve concordar em retirar um item sem o submeter ao Comité de Revisão, que determina se o material deve ser retirado da coleção.*

O Vice-Presidente para as Tecnologias da Informação, o Diretor do OLRC, três (3) instrutores e dois (2) membros do Conselho de Administração (sempre que possível) devem rever o material em questão. Esta análise deverá estar concluída no prazo de quatro (4) semanas após a receção da objeção. O material deve ser analisado tendo em conta tanto os objectivos específicos como o conteúdo. Os melhores interesses dos alunos e os requisitos do currículo devem ser realçados.

O comité tomará uma de três decisões: (a) deixar o material na biblioteca em prateleiras abertas; (b) retirar o material da biblioteca; ou (c) colocar o material em prateleiras fechadas para ser utilizado apenas na biblioteca.

As conclusões da comissão serão prontamente comunicadas ao Presidente e à pessoa que solicitou a revisão.

No caso de o queixoso não aceitar a decisão do Comité de Revisão, pode recorrer para o Conselho de Administração através do Presidente. A decisão final caberá então ao Conselho de Administração.

XII. Orientação OLRC

A orientação e a instrução sobre a utilização da biblioteca e do centro multimédia são fornecidas aos professores e alunos com base nos pedidos de cada professor. Os instrutores agendam sessões de orientação usando o formulário no Apêndice G. O pessoal do OLRC fornece instruções sobre a utilização do catálogo de acesso público em linha, da Internet e das bases de dados em linha. A instrução individualizada sobre o uso de materiais e equipamentos é contínua.

XIII. Avaliação dos serviços da biblioteca

A avaliação dos serviços da biblioteca é efectuada durante os semestres da primavera para determinar se o OLRC é eficaz na satisfação das necessidades dos seus utilizadores. O instrumento de avaliação atual pode ser encontrado no Apêndice H.

XIV. Computadores e utilização da Internet

As políticas da biblioteca relativas à utilização dos computadores e da Internet estão em conformidade com as do colégio. Os sistemas informáticos do Jarvis Christian College devem ser utilizados de forma a apoiar a missão educativa do Colégio e a favorecer o clima académico geral. Os sistemas informáticos do Jarvis Christian College referem-se a todos os computadores detidos ou explorados pelo Colégio e incluem o hardware, o software, os dados e as redes de comunicação associados a esses sistemas. Os sistemas vão desde os sistemas multiutilizadores até aos terminais de utilizador único e aos computadores pessoais, quer sejam independentes quer estejam ligados à rede do campus.

Uma vez que os sistemas informáticos do Jarvis Christian College são vitais para os programas de ensino, investigação institucional e administração do Colégio, a expetativa de conduta ética por parte dos utilizadores dos sistemas informáticos é a mesma que em todas as outras áreas da vida universitária. Espera-se que os utilizadores apliquem os padrões da ética académica e profissional normal e uma conduta atenciosa na utilização económica dos sistemas e recursos informáticos da faculdade. Além disso, espera-se que os utilizadores estejam conscientes de que a sua utilização dos sistemas informáticos da faculdade está sujeita aos regulamentos aplicáveis da faculdade, aos regulamentos da Internet e às leis federais, locais e internacionais.

Declaração de exoneração de responsabilidade

De acordo com a interpretação da Associação Americana de Bibliotecas (ALA) da Carta de Direitos para o Acesso à Informação, Serviços e Redes Electrónicas (ver Anexo I), os recursos da Internet acessíveis através da Biblioteca são fornecidos igualmente a todos os utilizadores da biblioteca, independentemente da idade. Tal como acontece com outros materiais da biblioteca, os pais ou tutores, e não a biblioteca ou os seus funcionários, são responsáveis por supervisionar a seleção de informação na Internet por parte dos menores.

A biblioteca fornece acesso à Internet de modo a disponibilizar recursos electrónicos que não estão prontamente disponíveis em formato impresso. A biblioteca não assume a responsabilidade pelas informações acedidas através da Internet. A Internet é um meio não regulamentado e existem materiais que podem ofender ou perturbar. A Biblioteca não pode censurar o acesso a materiais ou proteger os utilizadores de materiais que possam ser considerados ofensivos. Os utilizadores da biblioteca utilizam-na por sua conta e risco.

A Internet, como fonte de informação, permite à Biblioteca fornecer informações para além dos limites da sua própria coleção. No entanto, nem todas as informações na Internet são actuais, exactas ou completas e a biblioteca não se responsabiliza pela validade do material encontrado.

XV.   Política de utilização aceitável

**Política de utilização aceitável dos recursos tecnológicos
do Jarvis Christian College**

OBJECTIVO

O objetivo deste documento é estabelecer uma política escrita para a utilização legal e ética dos recursos tecnológicos do Jarvis Christian College (JCC) por parte de professores, funcionários, administradores, alunos, antigos alunos ou qualquer cliente de sistemas de informação. Esta política é apresentada como um trabalho em curso.

DEFINIÇÕES

Utilização académica e administrativa - inclui todas as actividades compatíveis com a missão do Colégio.

Cliente - qualquer pessoa, autorizada ou não, que utilize os sistemas de informação ou as instalações do JCC a partir de qualquer local, incluindo, entre outros, estudantes, professores, funcionários, antigos alunos e clientes externos que acedam aos recursos tecnológicos do JCC.

Comunicação eletrónica - é qualquer dado enviado ou recuperado através dos recursos tecnológicos do CCM.

Propriedade intelectual - inclui, mas não se limita necessariamente a, dados e programas.

Serviços **Internet** - incluem, mas não se limitam a, correio eletrónico, protocolo de transferência de ficheiros, Telnet, notícias e a World Wide Web.

Recursos tecnológicos - no CMC, incluem computadores, terminais, impressoras, redes, telecomunicações e equipamento conexo, bem como ficheiros de dados ou documentos geridos ou mantidos pelo Colégio que residam em disco, fita ou outro suporte. Incluem-se igualmente as salas de aula equipadas com equipamento multimédia, as salas de aula de informática, o laboratório de ensino à distância, os laboratórios de informática, os gabinetes e o mobiliário explorados ou mantidos pelo JCC.

DIREITOS

Livre investigação e expressão

Os clientes têm direito à liberdade de investigação e de expressão, em conformidade com a missão do Colégio.

Privacidade

Todas as informações armazenadas nos sistemas do CCM são propriedade do Colégio. Embora o Colégio faça todas as tentativas razoáveis para manter a confidencialidade das comunicações, reserva-se o direito, na medida e da forma que considerar adequadas, de controlar as comunicações e outras utilizações dos recursos tecnológicos do Colégio, a fim de garantir uma utilização adequada.

RESPONSABILIDADES DO CLIENTE

Utilização legal

Toda a utilização dos recursos tecnológicos do CCM está sujeita à legislação federal, estatal e local, às políticas e procedimentos do Colégio e a várias regras laboratoriais, conforme adequado.

Direitos de autor

Os clientes devem sempre observar e respeitar os direitos de propriedade intelectual, incluindo, mas não se limitando às leis de direitos de autor aplicáveis ao software.

Contratos

Toda a utilização dos recursos tecnológicos do CCM deve ser coerente com todas as obrigações contratuais do Colégio, incluindo as limitações definidas nos acordos de licenciamento de software e outros.

Autorização correta

Os clientes podem ter autorização para utilizar qualquer recurso tecnológico do Colégio, de acordo com a aprovação da administração do Colégio. Os recursos devem ser utilizados apenas para fins académicos e/ou administrativos. Os clientes não devem permitir ou ajudar qualquer pessoa não autorizada a aceder aos recursos tecnológicos do CCJ.

Redes de dados externas

Os clientes devem respeitar todas as políticas aplicáveis das redes externas.

Identificação pessoal

Os clientes dos recursos tecnológicos do CCC devem apresentar um documento de identificação quando solicitado.

Acesso à Internet

O acesso dos clientes à Internet e aos serviços Internet é um privilégio e não um direito. O acesso implica uma responsabilidade pessoal. A fim de garantir uma utilização ética destes serviços, não são permitidos comportamentos indecentes e prejudiciais. Dentro dos limites do razoável, a liberdade de expressão e o acesso à informação para uso académico e profissional serão respeitados.

Utilização com fins lucrativos

Sem autorização específica, são proibidas todas as actividades que utilizem os recursos tecnológicos do CCM para fins lucrativos pessoais. No entanto, isto não pretende restringir as comunicações normais e o intercâmbio de dados electrónicos, em conformidade com a missão e as políticas e procedimentos do Colégio.

Ameaças e assédio

Os recursos tecnológicos do CCC não devem ser utilizados para ameaçar, assediar ou insultar qualquer pessoa.

Comunicações electrónicas inadequadas

É proibida a distribuição consciente ou imprudente de correio eletrónico ou outras comunicações electrónicas não desejadas. É proibida a difusão, as cartas em cadeia, a pornografia, a distribuição intencional de vírus informáticos ou quaisquer esquemas não autorizados que possam causar tráfego excessivo na rede, carga informática ou danos.

Destruição de dados ou equipamento

Os clientes dos recursos tecnológicos do CCC devem comunicar qualquer destruição de dados ou de equipamento ao Gabinete de Tecnologias da Informação e/ou ao Diretor de Informação, ao administrador da rede ou ao membro do comité de tecnologias do campus.

Remoção de equipamentos ou documentos

Sem a autorização específica do proprietário ou do administrador designado, os clientes não devem remover qualquer equipamento, dados ou documentos pertencentes ou administrados pelo CCC.

Dispositivos internos ou externos

Sem autorização específica, os clientes não podem ligar física ou eletronicamente qualquer dispositivo interno ou externo, como uma unidade de disco externa, impressora, placa de interface, modem ou sistema de vídeo, a qualquer equipamento do CCC.

Campus Email

Todos os professores e funcionários devem consultar diariamente o seu correio eletrónico no campus. Tenha em atenção que o gabinete do Vice-Presidente para os Assuntos Académicos emite um documento semanal de actividades, bem como as ausências autorizadas para os alunos que participam em funções fora do campus da Faculdade, por correio eletrónico. Além disso, o Gabinete do Presidente e o Gabinete de Tecnologias da Informação enviarão por correio eletrónico mensagens pertinentes relativas a eventos no campus, anúncios, comunicados de rede, alterações ao calendário académico, etc. Todos os pedidos de serviço relativos a laboratórios de estudantes, Centros de Vida e Aprendizagem, sistemas informáticos de alojamento de estudantes e sistemas pessoais individuais devem ser enviados por correio eletrónico, a menos que sejam aprovados pelo OIT.

SEGURANÇA

Identidade oculta ou falsificada

Os clientes não devem ocultar ou falsificar a sua identidade quando utilizam os recursos tecnológicos do CCC, exceto quando o acesso anónimo é explicitamente previsto.

Acesso não autorizado a dados

Os clientes não devem fazer ou tentar fazer qualquer acesso deliberado e não autorizado ou alterações nos dados de qualquer recurso tecnológico do CCJ. Os programas e ficheiros são confidenciais, a menos que tenham sido disponibilizados a outras pessoas autorizadas.

Compromisso de segurança

Os clientes não devem violar ou tentar violar qualquer sistema de segurança, por exemplo, adivinhando as identificações de utilizador ou as palavras-passe, utilizando sem autorização essas identificações de utilizador ou palavras-passe ou comprometendo as fechaduras dos quartos ou os sistemas de alarme.

Interceção de dados

Os clientes não devem intercetar ou tentar intercetar comunicações de dados que não se destinem ao seu acesso.

Negação de serviço

Os clientes não devem recusar, interferir ou tentar recusar ou interferir no serviço prestado a outros clientes.

Segurança pessoal

Os clientes são responsáveis por manter a privacidade e a segurança das suas identificações de utilizador e palavras-passe. As ID e as palavras-passe são normalmente atribuídas a utilizadores individuais e não devem ser partilhadas com qualquer outra pessoa sem a devida autorização da administração do Colégio. Os clientes devem comunicar qualquer tentativa de violação da segurança ao Diretor de Informação. Os clientes são responsáveis por qualquer atividade realizada com o seu ID de utilizador.

RESPONSABILIDADE INSTITUCIONAL

Acesso aos dados

O pessoal do CCC está proibido de consultar os ficheiros dos clientes sem um objetivo específico e sem autorização. Se, por engano ou por qualquer outro motivo, um membro do pessoal ler informações protegidas de clientes, a formação não será divulgada, exceto se autorizado pelo administrador do estabelecimento em causa ou pelas autoridades legais competentes.

RESPONSABILIDADE DO ESTUDANTE

Acesso aos dados

Os alunos do JCC estão proibidos de aceder à Internet e/ou ao sistema de correio eletrónico com o objetivo expresso de ver material explícito, incluindo material pornográfico, material degradante para homens/mulheres, de natureza sexual, etc. Os alunos não estão autorizados a dar a outros colegas acesso às suas contas individuais de correio eletrónico e/ou aos seus registos. Estes materiais são confidenciais e a sua utilização é da responsabilidade do colégio e pode ser revogada sem aviso prévio em qualquer altura. Além disso, os alunos não podem piratear ou tentar piratear a rede ou o sistema de correio eletrónico do Colégio utilizando o acesso que lhes foi concedido. As infracções ao acima exposto são motivo de expulsão. Além disso, as pessoas que tenham conhecimento intencional de um desrespeito flagrante da política do CCM estão sujeitas a sanções administrativas.

VIOLAÇÕES

Relatórios de infracções
Os clientes devem comunicar qualquer violação desta política ao Diretor de Informação. Os clientes não devem ocultar ou ajudar a ocultar violações por qualquer parte.

Sanções
O JCC está autorizado a aplicar determinadas sanções para fazer cumprir as suas políticas e regulamentos. As sanções podem incluir, entre outras, a redução temporária ou permanente ou a eliminação dos privilégios de acesso, a expulsão ou a rescisão. Quando o Colégio considera necessário preservar a integridade das instalações, dos serviços aos clientes ou dos dados, a identificação de um cliente pode ser revogada, quer o cliente seja ou não suspeito de qualquer infração. Se a violação justificar uma ação para além da sanção imposta pela Academia, o caso pode ser remetido para as autoridades legais competentes, conforme adequado.

AGRADECIMENTOS
Este documento baseou-se em informações recolhidas nas seguintes fontes:
Distrito escolar de Bellingham, Política de utilização aceitável Bethune-Cookman College
Instituto de Ética Informática, Os 10 mandamentos da ética informática
Colégio Comunitário de Miami-Dade

Universidade de Chicago, Política sobre recursos de tecnologia da informação
Universidade de Yale, Política de utilização de computadores

I want morebooks!

Buy your books fast and straightforward online - at one of world's fastest growing online book stores! Environmentally sound due to Print-on-Demand technologies.

Buy your books online at
www.morebooks.shop

Compre os seus livros mais rápido e diretamente na internet, em uma das livrarias on-line com o maior crescimento no mundo! Produção que protege o meio ambiente através das tecnologias de impressão sob demanda.

Compre os seus livros on-line em
www.morebooks.shop

info@omniscriptum.com
www.omniscriptum.com

Printed by Books on Demand GmbH, Norderstedt / Germany